AF379275

Rosa Luxemburg

Kirche und Sozialismus

e-artnow 2018

Leseempfehlungen (als Print & e-Book von e-artnow erhältlich)

Carl von Clausewitz
Vom Kriege

Wladimir Iljitsch Lenin
Was tun?

Friedrich Nietzsche
Unzeitgemäße Betrachtungen

Immanuel Kant
Träume eines Geistersehers, erläutert durch Träume der Metaphysik

Oswald Spengler
Jahre der Entscheidung

Rosa Luxemburg
Zur russischen Revolution

Karl Vorländer
Populäre Geschichte der Philosophie

Karl Marx
Zur Kritik der Hegelschen Rechtsphilosophie

Rosa Luxemburg
Sozialreform oder Revolution? - Miliz und Militarismus

Rosa Luxemburg
Der proletarische Massenkampf in Deutschland: Ermattung oder Kampf? +
Sozialreform oder Revolution? + Die Theorie und die Praxis + Der Wiederauf-
bau der Internationale + Was will der Spartakusbund?...

Rosa Luxemburg

Kirche und Sozialismus

e-artnow, 2018
Kontakt: info@e-artnow.org

ISBN 978-80-268-8561-0

Inhaltsverzeichnis

Seit in unserem ganzen Land – ebenso wie in Rußland – die Arbeiter den unermüdlichen Kampf mit der zaristischen Regierung und den kapitalistischen Ausbeutern aufgenommen haben, hören wir immer häufiger, daß Priester in ihren Predigten gegen die kämpfenden Arbeiter auftreten. Besonders scharf wendet sich unsere Geistlichkeit gegen die Sozialisten, wobei sie sich mit allen Kräften bemüht, sie in den Augen der Arbeiter zu verunglimpfen. Immer häufiger geschieht es jetzt, daß gläubige Menschen, die an Sonn- und Feiertagen in die Kirche gehen, um Predigten zu hören und religiösen Trost zu finden, statt dessen eine scharfe, manchmal heftige Rede über Politik, über Sozialisten anhören müssen. Statt die durch ihr schweres Leben bekümmerten und verarmten Menschen, die gläubig zur Kirche kommen, zu stärken, wettern die Priester gegen die streikenden oder gegen die Regierung kämpfenden Arbeiter, reden ihnen zu, Not und Unterdrückung demütig und geduldig zu ertragen, und machen überhaupt aus Kirche und Kanzel einen Ort politischer Agitation. Jeder Arbeiter muß aus eigener Erfahrung zugeben, daß dieses kämpferische Auftreten der Geistlichkeit gegen die Sozialdemokraten ihrerseits durch nichts hervorgerufen wurde. Die Sozialdemokraten haben niemals den Kampf mit Kirche oder Geistlichkeit gesucht. Die Sozialdemokraten bemühen sich, die Arbeiter zum Kampf gegen das Kapital zu mobilisieren und zu organisieren, das heißt zum Kampf gegen die Ausbeutung der Unternehmer, die ihnen das Blut aussaugen, zum Kampf gegen die zaristische Regierung, die dem Volk auf Schritt und Tritt die Kehle zuschnürt, aber niemals ermuntern die Sozialdemokraten die Arbeiter zum Kampf gegen die Geistlichkeit und niemals versuchen sie, ihnen den religiösen Glauben zu nehmen. Im Gegenteil! Die Sozialdemokraten halten sich bei uns wie auf der ganzen Welt an den Grundsatz, daß Gewissen und Überzeugung des Menschen heilig und unantastbar sind. Jedem steht es frei, den Glauben und die Überzeugung zu haben, die ihn glücklich machen. Niemand darf die religiösen Überzeugungen der Menschen verfolgen oder beleidigen. So sagen die Sozialdemokraten. Und deshalb rufen sie auch unter anderem das ganze Volk zum Kampf gegen die zaristische Regierung auf, die das Gewissen der Menschen vergewaltigt und Katholiken, Unierte, Juden, Ketzer und Konfessionslose verfolgt.

So verteidigen gerade die Sozialdemokraten leidenschaftlich die Gewissensfreiheit und das Bekenntnis eines jeden Menschen. Und deshalb würde man meinen, die Geistlichkeit müsse die Sozialdemokraten fördern und begünstigen, da sie dem arbeitenden Volk Bildung bringen.

Aber damit nicht genug. Wenn wir uns überlegen, wonach die Sozialdemokraten überhaupt streben, und welche Lehren sie der Arbeiterklasse verkünden, so wird der Haß der Geistlichkeit gegen sie immer weniger verständlich.

Die Sozialdemokraten streben danach, die Herrschaft der reichen Schinder und Ausbeuter über das arme arbeitende Volk abzuschaffen. Aber dabei, so sollte man meinen, müßten die Diener der christlichen Kirche als erste die Sozialdemokraten unterstützen und ihnen die Hand reichen, denn die Lehre Christi, deren Diener die Priester sind, sagt doch, daß eher ein Kamel durch ein Nadelöhr geht, als daß ein Reicher in den Himmel kommt!

Die Sozialdemokraten streben danach, in allen Ländern eine gesellschaftliche Ordnung einzuführen, die sich auf Gleichheit aller Menschen, auf Freiheit und Brüderlichkeit gründet. Aber auch hierin müßte die Geistlichkeit mit Freuden die Agitation der Sozialdemokraten begrüßen, wenn sie aufrichtig dafür wäre, daß der christliche Grundsatz: „liebe deinen Nächsten wie dich selbst“, im Leben der Menschheit angewendet würde.

Die Sozialdemokraten bemühen sich in unermüdlichem Kampf, das Arbeitervolk durch Bildung und Organisation aus Erniedrigung und Not emporzuheben, ihm ein besseres Leben und seinen Kindern eine bessere Zukunft zu sichern. Auch dafür – das muß jeder zugeben – müßten die Priester die Sozialdemokraten nur segnen, da doch Christus, dessen Diener die Priester sind, gesagt hat: „Was ihr diesen Geringsten tut, das tut ihr mir.“ Statt dessen sehen wir aber, daß die Geistlichkeit die Sozialdemokraten exkommuniziert und verfolgt und den Arbeitern zuredet, ihr Los geduldig zu ertragen, das heißt sich geduldig von den Reichen – den Kapitalisten – ausbeuten zu lassen. Die Geistlichkeit wettert gegen die Sozialdemokraten und redet den Arbeitern zu, sich nicht gegen die Regierungsgewalt „zu erheben", das heißt geduldig die Unterdrückung einer Regierung zu ertragen, die wehrlose Menschen ermordet, die das Volk zu Hunderttausenden in den Krieg, also in ein entsetzliches Blutbad schickt, die Katholiken, Unierte und Altgläubige um ihres Glaubens und Bekenntnisses willen verfolgt.

So steht die Geistlichkeit, wenn sie die Reichen, wenn sie Ausbeutung und Unterdrückung verteidigt, im ausdrücklichen Gegensatz zur christlichen Lehre. Bischöfe und Priester treten nicht als Kaplane der Lehre Christi auf, sondern als Kaplane des goldenen Kalbes und der Knute, die Arme und Wehrlose geißelt. Außerdem weiß jeder aus Erfahrung, wie oft die Priester selbst das arme arbeitende Volk quälen, indem sie für Hochzeiten, Taufen und Beerdigungen dem Arbeiter manchmal den letzten Groschen abnehmen. Und wie oft ist es vorgekommen, daß ein Priester, der zu einer Beerdigung gerufen wurde, erklärte, er rühre sich nicht aus dem Haus, wenn man nicht im voraus soundsoviel Rubel auf den Tisch lege, und der Arbeiter mit Verzweiflung im Herzen davonging, schnell das letzte Möbel aus der Stube verkaufen oder verpfänden mußte, um religiösen Trost für seine Liebsten zu erkaufen!

Es gibt allerdings auch andere Geistliche. Es gibt auch solche, die voll Güte und Mitleid nicht auf den Verdienst schauen und bereit sind, selbst zu helfen, wo sie Not sehen. Aber jeder gibt zu, daß das Ausnahmen sind, weiße Raben. Die Mehrzahl der Priester hat ein lächelndes Gesicht und untertänige Verbeugungen für die Reichen und Mächtigen, denen sie jedes Unrecht und jede Ausschweifung schweigend vergibt. Für die Arbeiter jedoch hat die Geistlichkeit meistens nur unerbittliche Schinderei und strenge Predigten gegen ihre „Anmaßung", wenn sie sich ein wenig vor der unverschämten Ausbeutung der Kapitalisten schützen wollen.

Dieser ausdrückliche Widerspruch zwischen dem Vorgehen der Geistlichkeit und der christlichen Lehre muß jeden denkenden Arbeiter verwundern, so daß er unwillkürlich fragt: wie kommt es, daß die Arbeiterklasse bei ihrem Streben nach Befreiung in den Dienern der Kirche nicht Freunde, sondern Feinde findet? Wie kommt es, daß die Kirche heute nicht Zuflucht der Ausgebeuteten und Unterdrückten ist, sondern Festung und Schutz des Reichtums und der blutigen Ausbeutung?

Um diese erstaunliche Erscheinung zu begreifen, muß man zumindest kurz die Geschichte der Kirche kennenlernen und sich ansehen, was sie einmal war und wozu sie dann im Laufe der Zeiten geworden ist.

Einer der schwersten Vorwürfe, den die Geistlichkeit den Sozialdemokraten macht, ist der, daß sie den „Kommunismus" einführen wollen, das heißt gemeinsames Eigentum aller irdischen Güter. Es wird hier vor allem interessant sein festzustellen, daß die heutigen Priester, wenn sie gegen den „Kommunismus" wettern, eigentlich gegen die ersten Apostel der Christenheit wettern. Denn gerade sie waren die leidenschaftlichsten Kommunisten.

Die christliche Religion entstand bekanntlich im alten Rom zur Zeit des größten Verfalls dieses einstmals starken und mächtigen Reiches, das damals das ganze heutige Italien, Spanien, einen Teil Frankreichs, einen Teil der Türkei, Palästina und verschiedene andere Länder umfaßte. Die Verhältnisse, die in Rom zur Zeit der Geburt Christi herrschten, waren den heutigen Verhältnissen in Rußland sehr ähnlich. Einerseits eine Handvoll Reicher, die in Müßiggang unermeßlichen Luxus und Überfluß genossen, andererseits eine riesige Volksmasse, die in entsetzlicher Not zugrunde ging, und über allem eine Regierung von Despoten, die, auf Gewalt und moralische Verkommenheit gestützt, unsagbaren Druck ausübte und das Letzte aus der Bevölkerung herauspreßte; im ganzen Reich Zerrüttung, äußere Feinde, die den Staat von verschiedenen Seiten bedrohten, eine Soldateska, die in wildem Übermut die arme Bevölkerung traktierte, öde und entvölkerte Dörfer mit immer unfruchtbarer werdenden Äckern, die Stadt aber, die Hauptstadt Rom nämlich, überfüllt von abgezehrtem Volk, das voll Haß an den Palästen der Reichen rüttelte, von Volk ohne Brot, ohne Obdach, ohne Kleidung, ohne Hoffnung und Aussicht auf irgendeinen Ausweg aus dem Elend.

Nur in einer Hinsicht besteht zwischen dem verfallenden Rom und dem heutigen Reich des Zaren ein großer Unterschied. In Rom gab es damals keinen Kapitalismus, d.h. es gab keine Fabrikindustrie, die durch die Arbeit von Lohnarbeitern Waren zum Verkauf produzierte. Damals herrschte in Rom Sklaverei, und die Adelsfamilien befriedigten ebenso wie die Reichen und die Financiers alle ihre Bedürfnisse durch die Arbeit von Sklaven, die sie aus dem Krieg mitgebracht hatten. Diese Reichen rafften allmählich fast den ganzen Grundbesitz in Italien an sich, indem sie den römischen Bauern das Land raubten, und da das Getreide kostenlos als Tribut aus den unterworfenen Provinzen herangeschafft wurde, wandelten sie ihren eigenen Grundbesitz in riesige Plantagen, Gemüsegärten, Weinberge, Weiden und Lustgärten um, bestellt von einem großen Sklavenheer, das durch den Stock des Aufsehers zur Arbeit angetrieben wurde. Des Landes und Brotes beraubt, strömte die Landbevölkerung aus der ganzen Provinz in die Hauptstadt Rom, fand hier aber keinen Verdienst, weil auch jedes Handwerk von Sklaven betrieben wurde. So sammelte sich in Rom allmählich eine riesige Volksmenge ohne jedes Eigentum an – ein Proletariat, das jedoch nicht einmal seine Arbeitskraft verkaufen konnte, da niemand seine Arbeit benötigte. Dieses Proletariat also, das vom Lande hereinströmte, wurde nicht wie heute in den Städten von der Fabrikindustrie aufgesogen, sondern mußte in hoffnungslose Not und an den Bettelstab geraten. Da eine solche Vorstädte, Straßen und Plätze Roms füllende Volksmasse, ohne Brot und Dach über dem Kopf, eine ständige Gefahr für die Regierung und die herrschenden Reichen war, mußte die Regierung irgendwie ihre Not lindern. Von Zeit zu Zeit wurden also aus den Regierungsspeichern Getreide oder gleich Lebensmittel an das Proletariat verteilt, um für eine gewisse Zeit sein drohendes Murren zu besänftigen, auch wurden kostenlose Spiele im Zirkus veranstaltet, um Gedanken und Gefühle des erregten Volkes zu beschäftigen. So lebte das ganze riesenhafte Proletariat in Rom eigentlich vom Betteln, nicht so wie heute, da das Proletariat im Gegenteil durch seine Arbeit die ganze Gesellschaft erhält. Damals in Rom lag jedoch die ganze Arbeit für die Gesellschaft auf den Schultern der unglücklichen, wie Arbeitsvieh traktierten Sklaven. Und in diesem Meer von Not und menschlicher Erniedrigung feierte eine kleine Anzahl römischer Magnaten wilde Orgien des Überflusses und der Ausschweifung. Einen Ausweg aus diesen ungeheuerlichen gesellschaftlichen Verhältnissen gab es nicht. Das Proletariat murrte zwar und drohte von Zeit zu Zeit mit Aufstand, aber die Klasse der Bettler, die nicht arbeiteten und nur von den Knochen lebten, die ihnen vom Tische der Reichen und des Staates zugeworfen wurden, konnte keine neue gesellschaftliche Ordnung schaffen. Die Volksklasse aber, die durch ihre Arbeit die ganze Gesellschaft erhielt, die Sklaven waren zu sehr erniedrigt, zersprengt, ins Joch gespannt, standen allzusehr außerhalb der Gesellschaft, von ihr abgesondert wie heute Arbeitsvieh von Menschen, als daß sie eine Reform der ganzen Gesellschaft hätten zuwege bringen können. Die Sklaven erhoben sich zwar von Zeit zu Zeit gegen ihre Herren, versuchten, sich mit Feuer und Schwert aus dem Joch zu befreien, aber das römische Heer unterdrückte am Ende immer ihre Aufstände, und sie wurden dann zu Tausenden ans Kreuz geschlagen oder völlig niedergemetzelt.

Unter diesen entsetzlichen Bedingungen der verfallenden Gesellschaft, wo es für die riesige Volksmenge keinen sichtbaren Ausweg gab, keine Hoffnung auf ein besseres Los auf Erden, begannen die Unglücklichen, diese Hoffnung im Himmel zu suchen. Die christliche Religion erschien den Verachteten und Elenden als eine Rettungsplanke, als Trost und Linderung, und wurde vom ersten Augenblick an die Religion der römischen Proletarier. Und entsprechend der materiellen Lage dieser Volksklasse begannen die ersten Christen, die Forderung nach gemeinsamem Eigentum – den Kommunismus – zu verkünden. Natürlich: das Volk hatte keine Mittel zum Leben, ging aus Not zugrunde, daher rief die Religion, die dieses Volk verteidigte, dazu auf, daß die Reichen mit den Armen teilen sollten, daß die Reichtümer allen gehören sollten und nicht einer Handvoll Privilegierter, daß unter den Menschen Gleichheit herrschen sollte. Das waren jedoch keine Forderungen, wie sie heute die Sozialdemokraten stellen, daß die Werkzeuge und überhaupt die Produktionsmittel allen gemeinsam gehören sollen, damit alle gemeinsam arbeiten und von ihrer Hände Arbeit leben können.

Die damaligen Proletarier lebten, wie wir sahen, nicht von ihrer Arbeit, sondern von den Almosen der Regierung. Darum verkündeten die Christen die Forderung nach gemeinsamem Eigentum nicht hinsichtlich der Arbeitsmittel, sondern der Lebensmittel, das heißt sie forderten nicht, daß Ländereien, Werkstätten, überhaupt Arbeitswerkzeuge allen gemeinsam gehören sollten, sondern daß alle miteinander Wohnung, Kleidung, Nahrung und ähnliche fertige Gebrauchsgegenstände des Menschen teilen sollten. Woher diese Reichtümer kommen, darüber machten sich die christlichen Kommunisten keine Sorgen. Die Arbeit blieb Sache der Sklaven. Das Volk der Christen forderte nur, daß diejenigen, die Reichtümer besitzen, diese beim Übertritt zur christlichen Religion dem Eigentum der Allgemeinheit übergeben und daß alle brüderlich und in Gleichheit von diesen Reichtümern leben sollten.

So richteten sich auch die ersten christlichen Gemeinden ein.

> „Für diese Leute" – so beschreibt es ein Zeitgenosse – „bedeutet Reichtum nichts, dafür preisen sie sehr das gemeinsame Eigentum und es gibt keinen unter ihnen, der reicher wäre als andere. Sie halten sich an das Gesetz, daß alle, die in ihren Orden eintreten wollen, ihre Habe zum allgemeinen Eigentum aller abgeben müssen, darum findet man auch bei ihnen weder Not noch Überfluß, alle besitzen alles gemeinsam wie Brüder... Sie wohnen nicht abgesondert in irgendeiner Stadt, sondern haben in jeder Stadt ihre besonderen Häuser, und wenn Leute, die ihrer Religion angehören, aus der Fremde zu ihnen kommen, so teilen sie mit ihnen ihre Habe, über die diese wie über ihre eigene verfügen können. Diese Leute sind gegenseitig beieinander zu Gast, obwohl sie sich vorher nie gesehen haben, und verkehren so miteinander, als ob sie ihr ganzes Leben lang Freunde gewesen wären. Wenn sie über Land reisen, so nehmen sie nichts mit außer Waffen gegen Räuber. In jeder Stadt haben sie ihren Hofmeister, der Kleidung und Lebensmittel an die Ankömmlinge verteilt... Untereinander treiben sie keinen Handel, sondern wenn einer einem anderen etwas gibt, was dieser braucht, so erhält er dafür wiederum, was er selbst benötigt. Und sogar wenn einer nichts dafür anbieten kann, so kann er doch frei heraus von jedem das fordern, was er benötigt."

In der *Apostelgeschichte* (IV, 32, 34, 35) lesen wir ebenfalls eine solche Beschreibung der ersten christlichen Gemeinde in Jerusalem:

„Keiner sagte von seinen Gütern, daß sie sein wären, sondern es war ihnen alles gemein. Es war auch keiner unter ihnen, der Mangel hatte; denn wieviel ihrer waren, die da Acker oder Häuser hatten, die verkauften sie und brachten das Geld des verkauften Guts und legten es zu der Apostel Füßen; und man gab einem jeglichen, was ihm not war."

Ebenso schreibt ein gewisser deutscher Historiker Vogel 1780 über die ersten Christen:

„Ein jeder Christ hatte nach der brüderlichen Verbindung ein Recht zu den Gütern aller Mitglieder der ganzen Gemeine und konnte im Fall der Not fordern, daß die begüterten Mitglieder ihm so viel von ihrem Vermögen mitteilten, als zu seiner Notdurft erfordert ward. Ein jeder Christ konnte sich der Güter seiner Brüder bedienen, und die Christen, die etwas hatten, konnten ihren dürftigen Brüdern den Nutzen und Gebrauch derselbigen nicht versagen. Ein Christ, z. E., der kein Haus hatte, konnte von einem ändern Christen, der 2 oder 3 Häuser hatte, begehren, daß er ihm eine Wohnung gebe, deswegen blieb er doch Herr der Häuser. Wegen der Gemeinschaft des Gebrauchs aber mußte die eine Wohnung dem ändern zum wohnen überlassen werden."

Bewegliche Güter und Geld wurden in einer gemeinsamen Kasse gesammelt, und ein aus der christlichen Bruderschaft besonders gewählter Beamter verteilte die gemeinsame Habe unter alle. Damit nicht genug. Die Verbrauchsgemeinschaft wurde so weit getrieben, daß in den ersten christlichen Gemeinden gewöhnlich die tägliche Nahrung an gemeinsamen Tischen eingenommen wurde, wie es die Apostelgeschichte beschreibt Dadurch wurde das Familienleben der ersten Christen eigentlich zerstört, und alle einzelnen christlichen Familien einer Stadt lebten gemeinsam als eine große Familie. Schließlich muß man noch hinzufügen, daß das, was einige Priester in ihrer Dummheit oder Bosheit den Sozialdemokraten zuzuschreiben versuchen, nämlich den Wunsch, Frauengemeinschaft einzuführen, was den Sozialdemokraten aber natürlich nicht im Traume einfällt, da sie das für eine schändliche und tierische Entstellung des ehelichen Verhältnisses halten, tatsächlich teilweise bei den ersten Christen praktiziert wurde. Die Idee des gemeinsamen Eigentums, des Kommunismus, so anstößig und abscheulich für die heutige Geistlichkeit, war den ersten Christen so lieb, daß einige Sekten, wie z. B. die Gnostiker, bekannt unter dem Namen Adamiten, im 2. Jahrhundert nach Christus verkündeten, daß alle Männer und Frauen miteinander gemeinsam verkehren sollten, ohne Unterschied, und auch nach dieser Lehre lebten.

III

So waren die Christen im 1. und 2. Jahrhundert leidenschaftliche Bekenner des Kommunismus. Aber dieser Kommunismus des Verbrauches fertiger Produkte, der nicht auf den Kommunismus der Arbeit gegründet war, konnte keineswegs die Lage der damaligen Gesellschaft verbessern, konnte nicht die Ungleichheit unter den Menschen und die Kluft zwischen den Reichen und dem armen Volk beseitigen. Da die Produktionsmittel, hauptsächlich der Boden, Privateigentum blieben, da die Arbeit für die Gesellschaft weiterhin auf Sklaverei beruhte, flössen also die durch die Arbeit erworbenen Reichtümer weiterhin wenigen Eigentümern zu, das Volk aber blieb der Mittel zum Leben beraubt, die es als Bettelvolk auch nur aus Gnade der Reichen erhielt.

Wenn die einen, und zwar eine verhältnismäßig kleine Handvoll, als ausschließlich privates Eigentum alles Land, Wälder, Weiden, alle Herden und Wirtschaftsgebäude, alle Werkstätten, Werkzeuge und Materialien zur Produktion besitzen, die anderen aber – die riesige Mehrheit des Volkes – überhaupt nichts besitzen, womit sie für sich arbeiten könnten, so kann bei solchen Verhältnissen unmöglich Gleichheit unter den Menschen entstehen, dann muß es Reiche und Arme, Überfluß und Not geben. Nehmen wir zum Beispiel an, daß heute diese reichen Eigentümer, zerknirscht durch die christlichen Lehren, all ihr Geld und alle beweglichen Reichtümer, die sie an Getreide, Obst, Kleidung, Schlachtvieh usw. besitzen, zum gemeinsamen Verbrauch des Volkes und zur Verteilung unter alle Bedürftigen hingeben. Was folgt daraus? Nur, daß für einige Zeit die Not verschwindet und das Volk sich recht und schlecht ernährt und kleidet. Aber jene Mittel werden schnell verbraucht. Nach sehr kurzer Zeit wird das besitzlose Volk die verteilten Reichtümer aufgebraucht haben und wieder mit leeren Händen dastehen, die Besitzer des Landes und der Arbeitswerkzeuge aber werden mit Hilfe der Arbeiter – damals der Sklaven – weiter produzieren können so viel sie wollen; demnach bleibt alles beim alten. Darum eben sehen sich die Sozialdemokraten heute anders als die christlichen Kommunisten und sagen: wir wollen keine Gnade und keine Almosen, denn das beseitigt nicht die Ungleichheit unter den Menschen. Wir wollen nicht, daß die Reichen mit den Armen teilen, sondern daß es überhaupt keine Reichen und Armen gibt. Aber das wird erst dann möglich, wenn die Quelle jeglichen Reichtums: Land und alle anderen Arbeitsmittel dem ganzen arbeitenden Volk gemeinsam gehören werden, das für sich selbst die notwendigen Güter nach den Bedürfhissen aller erzeugen wird. Die ersten Christen jedoch wollten den Mangel des riesenhaften, nicht arbeitenden Proletariats durch ständiges Teilen der Reichtümer, die von den Reichen gegeben wurden, decken; aber das bedeutete so viel wie Wasser mit einem Sieb zu schöpfen. Doch damit nicht genug. Der christliche Kommunismus konnte nicht nur die gesellschaftlichen Verhältnisse nicht ändern und verbessern, er konnte sogar sich selbst nicht lange halten. Solange es am Anfang noch wenige Bekenner des neuen Evangeliums gab, solange sie nur eine kleine Sekte von Begeisterten in der römischen Gesellschaft bildeten, solange war es möglich, den Besitz zur gemeinsamen Verteilung zusammenzutragen, die Mahlzeiten gemeinsam einzunehmen und oft auch unter gemeinsamem Dach zu wohnen.

Aber in dem Maße, in dem immer mehr Menschen dem Christentum beitraten, in dem die Gemeinden sich schon über das ganze Reich verbreiteten, wurde das gemeinsame Zusammenleben der Bekenner immer schwieriger. Die Sitte der gemeinsamen täglichen Mahlzeiten verschwand bald vollständig, und gleichzeitig nahm auch die Hingabe des eigenen Besitzes zum gemeinsamen Verbrauch einen anderen Charakter an. Da die Christen jetzt schon nicht mehr in einer gemeinsamen Familie lebten, sondern jeder sich um seine eigene selbst kümmern mußte, wurde auch schon nicht mehr die ganze Habe zum gemeinsamen Verbrauch der christlichen Brüder abgegeben, sondern das was übrigblieb, nachdem die Bedürfnisse der eigenen Familie gedeckt waren. Was jetzt die Wohlhabenden dem christlichen Gemeinwesen abgaben, war schon nicht mehr Anteil am kommunistischen Zusammenleben, sondern Opfer für andere, nicht wohlhabende Brüder, war schon Wohltätigkeit, Almosen. Aber als die reichen Christen aufhörten, selbst den gemeinsamen Besitz in Anspruch zu nehmen, und nur einen Teil für andere abgaben, da fiel auch dieser Teil, der für die armen Brüder geopfert wurde, verschieden aus, größer oder kleiner, je nach Willen und Natur der einzelnen Bekenner. So entstand allmählich im Schöße der christlichen Gemeinde derselbe Unterschied zwischen Arm und Reich wie ringsum in der römischen Gesellschaft, gegen den die ersten Christen den Kampf aufgenommen hatten. Nur die armen Christen, die Proletarier, erhielten noch gemeinsame Mahlzeiten von ihrer Gemeinde, die Reichen hielten sich jedoch fern von diesen Mahlzeiten und opferten einen Teil ihres Überflusses dafür. So wiederholten sich also eigentlich bei den Christen dieselben Verhältnisse, die in der römischen Gesellschaft herrschten: das Volk lebte von Almosen, und eine Minderheit von Reichen gab Almosen. Gegen dieses Einreißen sozialer Ungleichheit innerhalb der christlichen Gemeinde kämpften die Kirchenväter noch lange mit flammenden Worten, indem sie die Reichen geißelten und ständig zur Rückkehr zum Kommunismus der ersten Apostel aufriefen.

Der heilige Basilius drohte den Reichen im 4. Jahrhundert nach Christus zum Beispiel folgendermaßen:

> „O ihr Elenden, wie wollt ihr euch vor dem himmlischen Richter rechtfertigen? Ihr antwortet mir: Welche Schuld trifft uns, wenn wir nur das für uns behalten, was uns gehört? Ich aber frage euch: Was nennt ihr euer Eigentum? Von wem habt ihr es erhalten? ... Wodurch bereichern sich die Reichen, wenn nicht dadurch, daß sie an sich raffen, was allen gehört? Wenn jeder nicht mehr für sich hätte, als er zum Unterhalt benötigt, den Rest aber anderen überließe, so gäbe es keine Armen und keine Reichen.“

Am eindringlichsten bekehrte der heilige Johannes Chrysostomos die Christen zum ursprünglichen Kommunismus der Apostel, der Patriarch von Konstantinopel, 347 in Antiochien geboren und 407 in der Verbannung in Armenien gestorben. In seiner elften Predigt über die Apostelgeschichte sagte dieser berühmte Prediger:

> „Große Gnade war bei ihnen allen (den Aposteln), und es gab niemanden unter ihnen, der Not gelitten hätte. Das aber kam daher, daß niemand von seinem Eigentum sagte, es gehöre ihm, sondern alles bei ihnen allen gemeinsam gehörte. Gnade war deshalb bei ihnen, weil niemand Not litt, das heißt deshalb, weil sie so eifrig gaben, daß niemand arm blieb. Denn sie gaben nicht nur einen Teil und behielten den anderen für sich, auch betrachteten sie das, was sie gaben, nicht als ihr Eigentum. Sie hoben die Ungleichheit auf und lebten in großem Wohlstand und taten das auf die rühmenswerteste Weise. Sie unterstanden sich nicht, das Opfer in die Hände der Bedürftigen zu legen, schenkten es auch nicht aus hochmütiger Gefälligkeit, sondern legten es den Aposteln zu Füßen und machten sie zu Herren und Verteilern ihrer Gaben. Was man brauchte, das wurde von den Vorräten der Gemeinschaft und vom privaten Eigentum der einzelnen genommen. Dadurch wurde erreicht, daß die Spender nicht in Hochmut verfielen.“ „Wenn wir heute so handeln würden, würden wir weit glücklicher leben, die Reichen wie die Armen, und die Armen würden dadurch nicht mehr Glück gewinnen als die Reichen, da die Opfernden nicht nur selbst nicht arm würden, sondern auch die Armen reich machen würden.“

> „Stellen wir uns Folgendes vor: Alle geben das, was sie besitzen, zum gemeinsamen Eigentum hin. Mag sich niemand dabei beunruhigen, weder Arm noch Reich. Was glaubt ihr, wieviel Geld sich auf diese Weise ansammeln würde? Ich glaube, denn mit Sicherheit kann man das nicht feststellen, daß, wenn jeder einzelne sein ganzes Geld, alles Land, alles Vieh, seine Häuser abgäbe (von den Sklaven werde ich nicht reden, denn die ersten Christen besaßen sicherlich keine, da sie sie wahrscheinlich frei ließen), so sammelt sich sicher insgesamt eine Million Pfund Gold an, ach, sicherlich auch zwei oder dreimal so viel. Denn sagt mir, wie viele

Menschen leben in unserer Stadt (Konstantinopel)? Wie viele Christen? Werden
es nicht hunderttausend sein? Und wie viele sind Heiden und Juden! Wieviel tau-
send Pfund Gold müssen sich ansammeln! Und wie viele Arme haben wir? Ich
glaube nicht, daß es mehr als fünfzigtausend sind. Wieviel würde es erfordern, sie
täglich zu verpflegen? Wenn sie die Speise am gemeinsamen Tisch einnehmen,
so werden die Kosten nicht groß sein. Was fangen wir also mit unserem riesigen
Schatz an? Glaubst du, daß er sich irgendwann einmal erschöpfen könnte? Und
ergießt sich der göttliche Segen nicht tausendmal reicher über uns? Werden wir
nicht aus der Erde ein Paradies machen? Wenn sich das so wunderbar bei den drei
oder fünftausend (ersten Christen) bewahrheitete und keiner von ihnen Not litt,
um wieviel mehr muß es bei einer so großen Zahl von Menschen gelingen? Wird
nicht jeder neu Eintretende etwas dazu geben?"

„Die Zerstreuung der Reichtümer bewirkt größere Ausgaben und daher Armut.
Nehmen wir ein Haus mit Mann und Frau und zehn Kindern. Sie beschäftigt sich
mit Weben, er sucht seinen Unterhalt auf dem Markt. Werden sie mehr brauchen, wenn sie zusammen in einem Haus wohnen oder wenn jeder für sich lebt?
Natürlich wenn sie getrennt leben; wenn die zehn Söhne in verschiedene Rich-
tungen auseinandergehen, brauchen sie zehn Häuser, zehn Tische, zehn Diener
und alles andere im selben Verhältnis vermehrt. Aber wie verhält es sich mit der
Zahl der Sklaven? Speist man sie nicht alle an einem Tisch, um Kosten zu sparen?
Zersplitterung führt gewöhnlich zu Verschwendung, Gemeinsamkeit zu Ersparnis
von Hab und Gut. So lebt man heute in den Klöstern und so lebten jene Gläubigen. Wer starb damals an Hunger? Wer wurde nicht reichlich gesättigt? Und
doch fürchten die Menschen diese Ordnung mehr als den Sprung in die offene
See. Machen wir doch einen Versuch und gehen wir kühn ans Werk! Wie groß
wäre dann der Segen! Denn wenn damals, als die Zahl der Gläubigen so klein
war, kaum drei bis fünftausend, wenn damals, als die ganze Welt uns feindlich
war, als es nirgends Trost gab, unsere Vorfahren sich so standhaft daran hielten,
wieviel mehr Sicherheit müßten wir jetzt haben, da es durch Gottes Gnade überall
Gläubige gibt! Wer hätte damals noch Heide bleiben wollen? Niemand, denke ich.
Alle hätten wir angezogen und für uns gewonnen."

Das so eindringliche Zureden und die flammenden Predigten des Johannes Chrysostomos blieben erfolglos. Es wurde kein Versuch unternommen, den Kommunismus in Konstantinopel
oder anderswo einzuführen. Mit der Ausbreitung des Christentums, das schon seit Anfang des
4. Jahrhunderts in Rom die herrschende Religion war, kehrten die Gläubigen nicht zum Beispiel der ersten Apostel, zum gemeinsamen Eigentum zurück, sondern entfernten sich immer
weiter von ihm. Die Ungleichheit zwischen Reichen und Armen innerhalb der Gemeinde der
Gläubigen vergrößerte sich immer mehr. Noch im 6. Jahrhundert, d. h. es vergingen 500 Jahre
nach Christi Geburt, hören wir den Aufruf Gregors des Großen:

„Es genügt nicht, anderen ihr Eigentum nicht wegzunehmen, ihr seid nicht ohne
Schuld, wenn ihr Güter für euch behaltet, die Gott für alle geschaffen hat. Wer
anderen nicht das gibt, was er selbst besitzt, ist ein Räuber und Mörder, denn wenn
er für sich behält, was zum Unterhalt der Armen dienen würde, kann man sagen,
daß er Tag für Tag so viele ermordet, wie von seinem Überfluß leben könnten.
Wenn wir mit denen teilen, die in Not sind, so geben wir ihnen nicht, was uns
gehört, sondern was ihnen gehört. Das ist keine Tat des Mitleids, sondern das
Bezahlen einer Schuld."

Aber diese Aufrufe waren vergeblich. Infolge der Hartherzigkeit der damaligen Christen, die sicher noch empfänglicher waren für die Predigten der Kirchenväter als die heutigen. Aber nicht

zum erstenmal in der Geschichte der Menschen zeigte sich, daß die wirtschaftlichen Bedingungen stärker sind als die schönsten Predigten. Dieser Kommunismus, diese Verbrauchsgemeinschaft die die ersten Christen verkündet hatten, konnte sich unmöglich ohne gemeinsame Arbeit der ganzen Bevölkerung auf gemeinsamem Land und in gemeinsamen Werkstätten halten, aber solch gemeinsame Arbeit mit gemeinsamen Produktionsmitteln einzuführen, war damals nicht möglich, da die Arbeit, wie gesagt, Sache der Sklaven war, die außerhalb der Gesellschaft standen, nicht aber Sache der freien Menschen. Das Christentum unternahm von Anfang an nichts und konnte es auch nicht, die Ungleichheit in der Arbeit und im Besitz der Arbeitsmittel aufzuheben; dadurch waren seine Bemühungen hoffnungslos, die ungleiche Verteilung der Reichtümer zu beseitigen. Deshalb mußten die Stimmen der Kirchenväter, die zum Kommunismus bekehrten, die eines Rufers in der Wüste bleiben. Aber nicht lange, und auch diese Stimmen wurden immer seltener, bis sie völlig verstummten. Schon die Kirchenväter selbst hörten auf, zur Gemeinschaft und zur Verteilung der Reichtümer aufzurufen, denn mit dem Anwachsen der Gemeinde der Gläubigen änderte sich auch die Kirche selbst von Grund auf.

IV

Zu Anfang, als die Zahl der Gläubigen noch klein war, war eine eigentliche Geistlichkeit gar nicht vorhanden. In jeder Stadt sammelten sich die Gläubigen, bildeten eine selbständige religiöse Gemeinde und wählten jedesmal einen der Brüder aus ihrer Mitte, der den Gottesdienst leitete und die religiösen Handlungen ausführte. Jeder Gläubige konnte damals Bischof oder Presbyter werden, es waren dies zeitlich begrenzte Ämter, die keine Macht vergaben außer der, mit der die Gemeinde sie freiwillig ausstattete, und sie waren völlig unbezahlt. In dem Maße jedoch, wie die Zahl der Bekenner wuchs und die Gemeinden immer größer und reicher wurden, wurden die Verwaltung der Gemeindeangelegenheiten und das Abhalten der Gottesdienste zu einer Beschäftigung, die viel Zeit und völlige Hingabe erforderte. Da einzelne christliche Brüder mit diesen Aufgaben neben ihrem privaten Beruf nicht mehr fertigwerden konnten, begann man also, Gemeindemitglieder für geistliche Ämter als ausschließliche Tätigkeit zu wählen. So kommt es, daß solche Beamte schon dafür, daß sie sich den Angelegenheiten der Kirche und der Gemeinde widmeten, irgendeinen Lohn erhalten mußten, der ihnen zum Leben genügte. So entstand innerhalb der christlichen Gemeinde eine neue Schicht: aus der Menge der Gläubigen sonderte sich der besondere Stand der kirchlichen Beamten ab – die Geistlichkeit. Neben der Ungleichheit zwischen Reichen und Armen entstand eine neue Ungleichheit zwischen Geistlichkeit und Volk. Obwohl sie anfangs aus ihnen gleichberechtigten Bekennern zur zeitweiligen Vertretung der Gemeinde im kirchlichen Dienst gewählt waren, erhoben sich die Geistlichen bald zu einer Kaste, die über dem Volk stand. Je mehr christliche Gemeinden in allen Städten des großen römischen Reiches entstanden, desto stärker fühlten die von Regierung und Andersgläubigen verfolgten Christen das Bedürfnis, sich untereinander zusammenzuschließen, um ihre Kräfte zu vergrößern. Die verstreuten Gemeinden beginnen, sich zu einer Kirche auf dem ganzen Reichsgebiet zu vereinigen, aber das ist schon jetzt hauptsächlich ein Zusammenschluß nicht des Volkes, sondern der Geistlichkeit. Im 4. Jahrhundert nach Christus beginnen die Geistlichen der einzelnen Gemeinden, regelmäßig auf Konzilen zusammenzukommen; das erste derartige Konzil fand 325 in Nicäa statt. Dadurch wurde der enge Zusammenschluß der Geistlichen zu einem vom Volk abgesonderten Stand vollendet. Gleichzeitig waren auf den Konzilen natürlich die Bischöfe der mächtigsten und reichsten Gemeinden führend unter den Geistlichen, und deshalb stand der Bischof der christlichen Gemeinde der Stadt Rom bald an der Spitze der ganzen Christenheit, als Haupt der Kirche, als Papst. So entstand die ganze Hierarchie der Geistlichkeit, die sich immer mehr vom Volk absonderte und sich immer höher über es erhob. Gleichzeitig änderte sich auch das ökonomische Verhältnis zwischen Volk und Geistlichkeit. Früher war alles, was reiche Kirchenmitglieder der Gemeinschaft opferten, als Fonds für das arme Volk betrachtet worden. Dann begann man, aus eben diesem Fonds einen immer größeren Teil dafür abzuzweigen, die Geistlichkeit zu bezahlen und die Bedürfnisse der Kirche zu bestreiten. Als Anfang des 4. Jahrhunderts das Christentum in Rom zur herrschenden, d.h. zur einzigen vom Staat anerkannten und unterstützten Religion ausgerufen wurde und die Christenverfolgungen aufhörten, fanden die Gottesdienste nicht mehr in unterirdischen Höhlen oder bescheidenen Kammern statt, sondern man begann, immer prächtigere Kirchen zu bauen. Die Ausgaben dafür verminderten den Fonds für die Armen immer mehr. Schon im 5. Jahrhundert nach Christus wurden die Einkünfte der Kirche in vier gleiche Teile aufgeteilt, von denen einen der Bischof erhielt, einen die übrige niedere Geistlichkeit, einer für Bau und Erhaltung der Kirchen abging und nur ein vierter für die Unterstützung des armen Volkes verwendet wurde. Das ganze christliche Armenvolk erhielt zusammen jetzt nur noch so viel wie der Bischof allein. Und mit der Zeit hörte man überhaupt auf, einen bestimmten Teil für die Armen bereitzustellen. Je reicher und mächtiger die Geistlichkeit wurde, desto mehr verlor das Volk der Gläubigen jede Kontrolle über Besitz und Einkünfte der Kirche. Die Bischöfe verteilten so viel an die Armen, wie es ihnen gefiel. Das Volk erhielt schon damals Almosen von seiner Geistlichkeit.

Aber das ist noch nicht das Ende. Waren anfangs alle Gaben der Gläubigen für die christliche Allgemeinheit freiwillig, so begann die Geistlichkeit mit der Zeit, besonders, seit die Religion Staatsreligion geworden war, zwangsweise Gaben zu fordern, und das von allen Gläubigen, begüterten und unbegüterten. Im 6. Jahrhundert wurde von der Geistlichkeit eine besondere Kirchenabgabe eingeführt: der Zehnte (d.h. die zehnte Kornähre, das zehnte Stück Vieh usw.). Diese Abgabe fiel als neue Last auf die Schultern des Volkes und wurde später im Mittelalter eine Gottesgeißel für die armen, durch Fronarbeit ausgepreßten Bauern. Mit dem Zehnten wurde jeder Zollbreit Land, jedes Gut belegt, und der Fronbauer mußte ihn im blutigen Schweiße seines Angesichts für die Herren abarbeiten. Jetzt erhielt das arme Volk nicht nur keine Hilfe und Unterstützung von der Kirche, sondern im Gegenteil, die Kirche verband sich mit den anderen Ausbeutern und Schindern des Volkes: mit Fürsten, Landadel und Wucherern.

Als im Mittelalter das arbeitende Volk durch die Fron in immer größere Not fiel, bereicherte sich die Geistlichkeit immer mehr. Außer den Einkünften aus dem Zehnten und anderen Abgaben und Zahlungen erhielt die Kirche zu jener Zeit riesige Schenkungen und Vermächtnisse von frommen Reichen oder reichen Wüstlingen beiderlei Geschlechts, die sich durch reichliches Vermächtnis an die Kirche in ihrer letzten Stunde von ihrem sündigen Leben loskaufen wollten. Geld, Häuser, ganze Dörfer samt Fronbauern, einzelne Renten und Arbeitsleistungen, die zum Land gehörten, wurden der Kirche geschenkt und vermacht. So sammelten sich in den Händen der Geistlichkeit riesige Reichtümer an. Und jetzt hörte der Klerus schon auf, Verwalter des ihm anvertrauten Besitzes der Kirche, d.h. der Gemeinde der Gläubigen und zumindest der armen Brüder zu sein. Im 12. Jahrhundert verkündete die Geistlichkeit schon offen und stellte es als scheinbar aus den Worten der heiligen Schrift herleitbares Recht dar, daß aller Reichtum der Kirche nicht Eigentum der Gemeinschaft der Gläubigen sei, sondern privates Eigentum der Geistlichkeit und vor allem ihres Oberhauptes, des Papstes. Geistliche Ämter waren somit der beste Weg, große Einkünfte und Reichtümer zu erwerben, und jeder Geistliche, der über den Besitz der Kirche wie über sein Eigentum verfügte, stattete seine Verwandten, Kinder und Enkel mit vollen Händen aus. Da die Kirchengüter sich dadurch beträchtlich verminderten und in den Händen der Familien der Geistlichen zusammenschmolzen, befahlen die Päpste also in ihrer Sorge, den Reichtum im Ganzen zu erhalten, und indem sie sich zu obersten Eigentümern des ganzen Kirchenbesitzes erklärten, der Geistlichkeit den Zölibat, d. h. die Frauenlosigkeit, um zu verhindern, daß der Besitz durch Vererben gemindert wurde. Der Zölibat wurde ursprünglich schon im 11. Jahrhundert eingeführt, aber wegen des großen Starrsinns der Priester allgemein erst Ende des 13. Jahrhunderts angenommen. Damit die Kirche auch nicht den geringsten Teil des Reichtums aus den Händen ließe, gab Papst Bonifatius VIII. 1227 einen Erlaß heraus, der jeglichem Geistlichen untersagte, ohne Erlaubnis des Papstes weltlichen Menschen Schenkungen aus seinen Einkünften zu machen.

So häufte die Kirche in ihren Händen unermeßliche Reichtümer an, besonders Grundbesitz. In allen christlichen Ländern wurde die Geistlichkeit zum größten Grundbesitzer. Gewöhnlich besaß sie den dritten Teil der ganzen Ländereien im Staate, manchmal noch mehr. Nicht nur auf allen Königs-, Fürsten- und Adelsgütern mußte also das Landvolk außer seiner Fronarbeit den Zehnten für die Geistlichkeit abarbeiten, auch auf den ganzen riesigen Flächen der Kirchengüter arbeiteten Millionen von Bauern und Hunderttausende von Handwerkern unmittelbar für die Bischöfe, Erzbischöfe, Domherren, Pröbste und Klöster. Unter den Fronausbeutern des Volkes war im Mittelalter, zur Zeit des Feudalismus, die Kirche der mächtigste Herr und Ausbeuter. Zum Beispiel besaß die Geistlichkeit in Frankreich vor der Großen Revolution, also gegen Ende des 18. Jahrhunderts, ein Fünftel des ganzen Bodens in Frankreich, aus dem sie ein jährliches Einkommen von ungefähr 100 Millionen Franken einstrich.

Die aus den Privatgütern eingenommenen Zehnten betrugen 23 Millionen. Davon wurden 2.800 Prälaten und Obervikare, 5.600 Äbte und Priore, 60.000 Pröbste und Vikare und in Klöstern 24.000 Mönche und 36.000 Nonnen ernährt und unterhalten. Dieses ganze Heer des Klerus war völlig frei von Abgaben und vom Kriegsdienst und gab nur in Jahren allgemeinen Unglücks wie Krieg, Mißernten, Seuchen, eine „freiwillige Abgabe" an die Staatskasse, die jedoch niemals 16 Millionen Franken überstieg.

Die so begüterte Geistlichkeit bildete mit dem Fronadel zusammen einen Stand, der über das arme Volk herrschte und von seinem Blut und Schweiß lebte. Höhere Kirchenämter wurden als die einträglichsten immer dem Adel gegeben und in adeligen Familien gehalten. Auch deshalb hielt die Geistlichkeit zur Zeit der Fronarbeit überall mit dem Adel zusammen, unterstützte seine Herrschaft, zog zusammen mit dem Adel dem Volk das Fell über die Ohren und brachte es dazu, Not und Erniedrigung in Demut, ohne Murren und Widerspenstigkeit zu ertragen. Die Geistlichkeit war auch der erklärte Feind des Stadt- und Landvolkes, als dieses sich schließlich erhob, um in der Revolution die Fronausbeutung abzuschaffen und die Menschenrechte zu erringen. Allerdings gab es auch innerhalb der Kirchenhierarchie zwei Klassen: die höhere Geistlichkeit raffte den ganzen Reichtum an sich, der Masse der Landpfarrer aber gab man arme Pfarreien, die zum Beispiel in Frankreich jährliche Einkünfte von 500 bis 2.000 Franken einbrachten. Diese benachteiligte niedere Klasse des Klerus erhob sich auch gegen den höheren Klerus, und in der Großen Revolution, die im Jahre 1789 ausbrach, verbündete sie sich mit dem kämpfenden Volk gegen die Herrschaft des weltlichen und geistlichen Adels.

V

So wurde im Laufe der Zeit das Verhältnis der Kirche zum Volk völlig auf den Kopf gestellt. Das Christentum entstand als Evangelium des Trostes für die armen und enterbten Klassen. Ursprünglich war es eine Lehre gegen gesellschaftliche Ungleichheit und verkündete die Vermögensgemeinschaft zur Beseitigung der Ungleichheit zwischen Reichen und Armen. Aber allmählich wurde die Kirche aus einem Hort der Gleichheit und Brüderlichkeit zum neuen Verbreiter von Ungleichheit und Unrecht. Nachdem sie den Kampf der ersten Apostel des Christentums gegen das Privateigentum aufgegeben hatte, begann die Geistlichkeit, selbst Reichtümer zu sammeln und an sich zu raffen, und verbündete sich mit den besitzenden Klassen, die von der Ausbeutung der Arbeit des Volkes und von der Herrschaft über das Volk lebten. Im Mittelalter, als der Feudaladel über die Fronbauern herrschte, gehörte die Kirche zum herrschenden Adels stand und verteidigte ihre Herrschaft mit allen Kräften gegen die Revolution. Als dann Ende des 18. Jahrhunderts in Frankreich und Mitte des 19. in ganz Mitteleuropa das Volk Fron und Adelsprivilegien in der Revolution hinwegfegte und die Herrschaft des modernen Kapitalismus begann, da verband sich die Kirche wieder mit den herrschenden Klassen, mit dem Handels- und Industriebürgertum. Mit dem Wandel der Zeiten besitzt die Geistlichkeit jetzt nicht mehr so viel Land wie früher, aber dafür besitzt sie Kapital und bemüht sich, damit so zu spekulieren, daß sie von der Ausbeutung der Arbeit des Volkes in Industrie und Handel, die die Kapitalisten betreiben, einen möglichst großen Teil an sich rafft. So besaß die katholische Kirche in (Österreich zum Beispiel nach eigenen kirchlichen Angaben (vor fünf Jahren) ein Vermögen von über 813 Millionen Kronen, davon ungefähr 300 Millionen an Grund und Boden, 387 Millionen an Obligationen, das heißt an verschiedenen Börsenpapieren, die Prozente bringen, und rund 70 Millionen verleiht die Kirche zu gutem Zins an private ausbeuterische Fabrikanten, Börsenleute usw. So wurde die Kirche aus dem Fronherrn des Mittelalters zum modernen Industrie-und Finanzkapitalisten, und wie sie früher zu der Klasse gehörte, die Blut und Schweiß aus dem Bauern preßte, so gehört sie jetzt zu der Klasse, die sich durch Ausbeutung des Fabrik- und Landarbeiters, durch Ausbeutung des Proletariats bereichert.

Dieser Wandel ist am deutlichsten in den Klöstern sichtbar. In einigen Ländern, wie in Deutschland und Rußland, wurden die katholischen Klöster schon vor längerer Zeit verboten und aufgehoben. Aber dort, wo sie sich bis heute noch fest erhalten haben, wie in Frankreich, Italien, Spanien, dort zeigt sich auch, wie weitgehend die Kirche Teilhaber des heute über das Volk herrschenden Kapitalismus ist.

Im Mittelalter waren die Klöster noch die letzte Zuflucht des armen Volkes. Dort verbarg sich das unterdrückte Volk vor der Grausamkeit der weltlichen Fürsten und Herren, vor den Schrecken des Krieges, dort suchte es Brot und Obdach in letzter Not. Und damals versagten die Klöster dem Bedürftigen kein Krümchen Brot und keinen Löffel Suppe. Man braucht wohl auch nicht daran zu erinnern, daß es im Mittelalter, als es noch nicht diesen allgemeinen Warenhandel gab wie heute, sondern jeder Hof, jedes Kloster fast alles für den eigenen Bedarf mit Hilfe der Fronbauern und Handwerker selbst produzierte, daß es damals für überflüssige Vorräte keinen Absatz gab. Wenn sich mehr Getreide, Gemüse, Holz oder Milchprodukte ansammelten, als die Klosterbrüder selbst verbrauchen konnten, so hatte der Rest fast keinen Wert. Es gab niemanden, dem man es hätte verkaufen können, und Vorräte aufzubewahren, war nicht immer und nicht bei allem möglich. Also ernährten und schützten die Klöster gerne das arme Volk, indem sie ihm einen geringen Teil von dem abgaben, was sie selbst aus dem ihnen untertänigen Fronbauern herausgepreßt hatten, um so mehr, als das zu jener Zeit auch jeder bedeutendere Adelshoftat. Aber besonders für die Klöster war das eine nützliche Wohltätigkeit, da sie gerade als Zuflucht der Armen berühmt waren und dafür große Geschenke und Vorräte von den Reichen und Mächtigen erhielten.

Als jedoch mit dem Entstehen der Warenproduktion und der kapitalistischen Industrie alles in der Wirtschaft einen Preis bekam und Handelsobjekt wurde, gaben die Klöster und die Höfe der geistlichen Herren ihre ganze Wohltätigkeit auf und schlössen vor den Armen ihre Pforten.

Nun fand das arme Volk nirgends mehr Zuflucht und Hilfe, und unter anderem auch deshalb entstand zu Beginn der Herrschaft des Kapitalismus im 18. Jahrhundert, als die Arbeiter sich noch überhaupt nicht zum Schutz gegen die Ausbeutung organisiert hatten, in den Hauptindustrieländern, in England und Frankreich, eine so entsetzliche Not unter dem Volk, wie sie die Bevölkerung lediglich vor 18 Jahrhunderten, beim Niedergang des römischen Reiches schon einmal durchlebt hatte.

Aber wenn damals die katholische Kirche gerade zur Rettung des römischen Proletariats, das im Elend zugrunde ging, mit dem Evangelium vom Kommunismus, von gemeinsamem Eigentum, Gleichheit und Brüderlichkeit aufgetreten war, ging die Kirche jetzt, bei der Herrschaft des Kapitals, völlig anders vor. Sie zögerte nicht, selbst die Not auszunutzen, in die das einfache Volk geraten war, um diese billige Arbeitskraft für sich und für die eigene Bereicherung einzuspannen. Die Klöster wurden zu Höhlen kapitalistischer Ausbeutung und das in der entsetzlichsten Form, nämlich der Ausbeutung von Frauen- und Kinderarbeit. Ein bekanntes Beispiel dieser erbarmungslosen Ausbeutung von Kindern bis auf den heutigen Tag wurde der Welt im Prozeß gegen das Kloster *Zum Guten Hirten* im Jahre 1903 in Frankreich gegeben, wo Mädchen von 12, 10 und 9 Jahren den ganzen Tag ohne Unterbrechung zu schwerster Arbeit gezwungen wurden, bei der sie Augenlicht und Gesundheit verloren, dabei notdürftigst ernährt und wie im strengsten Gefängnis gehalten wurden.

Heute sind die Klöster auch in Frankreich schon fast abgeschafft, und damit verschwindet für die Kirche die Gelegenheit zur unmittelbaren kapitalistischen Ausbeutung. Ebenso abgeschafft ist schon seit langem der Zehnte, diese Plage des Fronbauern. Aber die Geistlichkeit hat auch heute noch vielerlei Methoden, das arbeitende Volk durch Bezahlung von Messen, Heiraten, Beerdigungen, Taufen und verschiedenartigem Dispens zu schinden. Die Regierungen, die es mit dem Klerus halten, zwingen die Bevölkerung, sich auf Schritt und Tritt von ihm loszukaufen, und außerdem bekommt die Kirche überall, mit Ausnahme der Vereinigten Staaten von Nordamerika und der Schweiz, wo die Religion eine Privatangelegenheit ist, dicke Gehälter vom Staat, für die natürlich das Volk im Schweiße seines Angesichts arbeitet. In Frankreich zum Beispiel bezieht der katholische Klerus bis auf den heutigen Tag 40 Millionen Franken Regierungsgehalt. Alles in allem, die Kirche lebt heute zusammen mit der Regierung und der Klasse der Kapitalisten von der schweren Arbeit des ausgebeuteten Volkes. Welche Einkünfte die Kirche gegenwärtig hat, diese ehemalige Zuflucht der Geringsten und Enterbten, das zeigen z.B. die Zahlen über die Einkünfte des katholischen Klerus in Österreich. Vor fünf Jahren betrugen die Kircheneinnahmen in ganz Österreich jährlich 60 Millionen Kronen. Die Ausgaben betrugen nur 35 Millionen, also „sparte" die Kirche in einem Jahr aus dem Blut und Schweiß des arbeitenden Volkes 25 Millionen.

Im einzelnen hat:

- das Erzbistum Wien jährliche Einkünfte von 300.000 Kronen, Ausgaben weniger als die Hälfte davon, reine „Ersparnisse" demnach jährlich 150.000; das Vermögen dieses Erzbistums beträgt dagegen etwa 7 Millionen;
- das Erzbistum Prag jährliche Einkünfte von über einer halben Million, Ausgaben von etwa 300.000; sein Vermögen beträgt fast 11 Millionen;
- das Erzbistum Olmütz Einkünfte von über einer halben Million, Ausgaben von etwa 400.000; sein Vermögen beträgt mehr als 14 Millionen.

Nicht schlechter schindet auch der niedere Klerus die Bevölkerung, der sich gewöhnlich über seine Armut und die Hartherzigkeit des Volkes beklagt. Die jährlichen Einkünfte der Pfarreien betragen in Österreich über 35 Millionen Kronen, die Ausgaben dagegen nur 21 Millionen Kronen, so daß die jährlichen „Ersparnisse" der Pfarrer zusammen 14 Millionen ausmachen. Das Vermögen der Pfarreien beträgt dagegen in Österreich zusammen über 450 Millionen. Schließlich hatten auch die Klöster in Österreich schon vor fünf Jahren ein „Reineinkommen", d.h. nach Abzug der Ausgaben, von über 5 Millionen jährlich, und diese Reichtümer wachsen mit jedem Jahr, während bei dem von Kapitalismus und Staat ausgebeuteten Volk die Not immer mehr wächst. Und ebenso wie in Österreich geht es auch bei uns zulande und überall.

VI

Nachdem wir jetzt die Geschichte der Kirche und des Klerus kurz kennengelernt haben, sollten wir uns nicht mehr darüber wundern, daß sich die Geistlichkeit bei uns heute auf die Seite der zaristischen Regierung und der Kapitalisten gestellt hat und die um besseres Leben kämpfenden revolutionären Arbeiter heftig beschimpft. Die bewußten sozialdemokratischen Arbeiter streben danach, gerade die Idee von sozialer Gleichheit und Brüderlichkeit unter den Menschen in der Gesellschaft zu verwirklichen, die die Grundlage der christlichen Kirche in ihren ersten Anfängen war. Diese Gleichheit, die damals in der auf Sklaverei gegründeten Gesellschaft und später bei der Herrschaft der Fronarbeit unmöglich war, wird jetzt möglich, da auf der ganzen Welt der Industriekapitalismus herrscht. Was die Apostel des Christentums durch flammendste Predigten gegen die selbstsüchtigen Reichen nicht durchsetzen konnten, das können in naher Zukunft die modernen Proletarier, die Klasse der bewußten Arbeiter, erreichen, wenn sie in allen Ländern die politische Macht an sich gebracht haben und den ausbeuterischen Kapitalisten Fabriken, Land und alle Arbeitsmittel wegnehmen, zum gemeinsamen Eigentum aller Arbeitenden. Der Kommunismus, nach dem die Sozialdemokratie strebt, ist nicht mehr jene Verbrauchsgemeinschaft nichtstuender Bettler, mit denen die Reichen teilen, sondern Gemeinschaft ehrlicher Arbeit und gerechter Genuß der gemeinsamen Früchte dieser Arbeit. Sozialismus heißt nicht mehr, daß Reiche mit Armen teilen, sondern daß eben dieser Unterschied zwischen Reichen und Armen dadurch beseitigt wird, daß man gleiche Arbeitspflicht für alle Arbeitsfähigen einführt und die Ausbeutung der einen durch die anderen völlig abschafft.

Um diese sozialistische Ordnung einzuführen, müssen sich die Arbeiter in allen Ländern in der sozialdemokratischen Arbeiterpartei organisieren, die dieses Ziel anstrebt. Gerade deshalb sind Sozialdemokratie, Aufklärung der Arbeiter und Arbeiterbewegung den besitzenden Klassen, die heute von der Ausbeutung der Arbeiter leben, so verhaßt. Der Klerus aber, ja die ganze Kirche gehört ebenfalls zu diesen herrschenden Klassen. All diese riesigen Reichtümer, die die Kirche angesammelt hat, wurden ohne eigene Arbeit durch Ausbeutung und Benachteiligung des arbeitenden Volkes erworben. Das Vermögen der Erzbischöfe und Bischöfe, der Klöster und Pfarreien, ist ebenso mit dem blutigen Schweiß des städtischen und ländlichen Arbeitervolkes erkauft worden wie das Vermögen der Fabrikanten, Kaufleute und Landmagnaten. Denn woher stammen jene Schenkungen und Vermächtnisse der reichen Leute an die Kirche? Offensichtlich nicht aus eigener Arbeit dieser reichen Frömmler, sondern aus der Ausbeutung der Arbeiter, die für sie schufteten: früher entstanden diese dem Klerus geopferten Reichtümer durch die Ausbeutung des Fronbauern, heute durch die Ausbeutung des Lohnarbeiters. Was aber die Gehälter betrifft, die heute der Geistlichkeit von der Regierung gezahlt werden, so ist klar, daß sie aus der allgemeinen Staatskasse stammen, die hauptsächlich mit Steuern gefüllt ist, die der Masse des einfachen Volkes abgepreßt wurden. Der Klerus sitzt dem Volk also ebenso im Nacken und lebt von seiner Erniedrigung, Unterdrückung und Dumpfheit wie die ganze Kapitalistenklasse. Das aufgeklärte Volk, das um seine Rechte und um Gleichheit unter den Menschen kämpft, ist den Priestern heute ebenso verhaßt wie allen schmarotzenden Kapitalisten, da heute Einführung der Gleichheit und Abschaffung der Ausbeutung schon der Todesstoß für eben diese Geistlichkeit wären, die von Ausbeutung und Ungleichheit lebt. Aber was das wichtigste ist: der Sozialismus strebt danach, der ganzen Menschheit ehrliches und redliches Glück auf der Erde, dem ganzen Volk größtmögliche Bildung, Wissen und Herrschaft in der Gesellschaft zu geben, und gerade dieses irdische Glück aller Menschen und diese Klarheit in den Köpfen fürchten die heutigen Diener der Kirche wie ein Gespenst. Wie die Kapitalisten den Körper des Volkes in das Gefängnis der Not und Unfreiheit sperrten, so sperrte der Klerus den Kapitalisten zu Hilfe und um der eigenen Herrschaft willen den Geist des Volkes ein, weil er fürchtete, ein aufgeklärtes, vernünftiges Volk, das Welt und Natur mit durch die Wissenschaft geöffneten Augen betrachtet, würde die Herrschaft der Priester abwerten und sie nicht mehr als höchste Macht und Quelle aller Gnade auf Erden ansehen. Indem er also die ursprünglichen Lehren des Christentums, die gerade das irdische Glück der Geringsten erstrebten, abändert und verfälscht, redet der heutige

Klerus dem Volk ein, es leide Not und Erniedrigung nicht auf Grund der schändlichen gesellschaftlichen Verhältnisse, sondern auf Befehl des Himmels, durch Fügung der Vorsehung. Und dadurch eben tötet die Kirche im arbeitenden Menschen den Geist, tötet in ihm die Hoffnung und den Willen nach besserer Zukunft, tötet in ihm den Glauben an sich selbst und seine Kraft, die Achtung vor der eigenen menschlichen Würde. Die heutigen Priester halten sich mit ihren falschen und den Geist vergiftenden Lehren dank der Dumpfheit und Erniedrigung des Volkes und wollen diese Dumpfheit und Erniedrigung für ewige Zeiten bewahren.

Es gibt dafür unschlagbare Beweise. In den Ländern, wo der katholische Klerus allmächtig über das Denken des Volkes herrscht wie in Spanien und Italien, dort herrschen auch größte Dumpfheit und – größtes Verbrechen. Nehmen wir beispielsweise zwei Länder in Deutschland zum Vergleich: Bayern und Sachsen. Bayern ist hauptsächlich ein Bauernland, wo der katholische Klerus noch großen Einfluß auf das Volk hat. Sachsen ist dagegen ein hochindustrialisiertes Land, wo die Sozialdemokratie schon seit langen Jahren Einfluß auf die arbeitende Bevölkerung hat. In Sachsen sind zum Beispiel in fast allen Wahlkreisen Sozialdemokraten in den Reichstag gewählt worden, wodurch dieses Land bei der Bourgeoisie verhaßt und als „rot", sozialdemokratisch, verschrien ist. Und was ergibt sich? Amtliche Berechnungen zeigen, daß, wenn man die Zahl der im Laufe eines Jahres im klerikalen Bayern und im „roten" Sachsen begangenen Verbrechen vergleicht (im Jahre 1898), auf 100.000 Personen bei schwerem Diebstahl in Bayern 204, in Sachsen 185 Fälle kommen, bei Körperverletzungen in Bayern 296, in Sachsen 72, bei Meineid in Bayern 4, in Sachsen 1. Ebenso, wenn man die Zahl der Verbrechen im Posenschen betrachtet, so gab es im selben Jahr auf 100.000 Menschen 232 Körperverletzungen, in Berlin 172. Und in Rom, dem Sitz des Papstes, wurden im vorletzten Jahr des Bestehens des Kirchenstaates, d.h. der weltlichen Macht des Papstes im Jahre 1869, in einem Monat 279 Menschen wegen Mordes, 728 wegen Körperverletzung, 297 wegen Raubes und 21 wegen Brandstiftung verurteilt! Das waren die Früchte einer ausschließlichen Herrschaft der Geistlichkeit über das Denken der armen Bevölkerung.

Das heißt natürlich nicht, daß die Geistlichkeit zum Verbrechen ermuntert, im Gegenteil, mit den Lippen reden die Priester viel gegen Diebstahl, Raub und Trunksucht. Aber bekanntlich stehlen, schlagen und trinken die Menschen nicht aus Eigensinn oder Neigung, sondern aus zwei Gründen: aus Not und Dumpfheit. Wer also das Volk in Not und Dumpfheit hält, wie es die Geistlichkeit tut, wer im Volk den Willen und die Energie zu einem Ausweg aus Not und Dumpfheit tötet, wer auf jede Weise diejenigen behindert, die das Volk bilden und aus der Not emporheben wollen, der ist ebenso verantwortlich für die Verbreitung von Verbrechen und Trunksucht, als ob er dazu ermuntern würde.

Und ebenso ging es bis vor kurzem in den Bergbaugebieten des klerikalen Belgien zu, bis die Sozialdemokraten kamen und dem unglückseligen, erniedrigten belgischen Arbeiter laut zuriefen: steh auf, Arbeiter, erhebe dich aus deiner Erniedrigung, schlage nicht, trinke keinen Alkohol, laß nicht vor Verzweiflung den Kopf hängen, sondern lies, bilde dich, schließe dich mit deinen Brüdern in einer Organisation zusammen, kämpfe gegen die Ausbeuter, die dich aussaugen, und du wirst dich aus der Not erheben, du wirst ein Mensch sein!

So bringen die Sozialdemokraten überall dem Volk die Auf-Erstehung, stärken die Verzweifelten, verbinden die Schwachen zu einer Macht, öffnen den Dumpfen die Augen, zeigen den Weg der Befreiung und rufen das Volk auf, das Königreich der Gleichheit, Freiheit und Nächstenliebe auf der Erde zu errichten. Die Diener der Kirche rufen das Volk dagegen überall nur zu Demut, Verzweiflung und geistigem Tod auf. Wenn Christus heute auf der Erde erschiene, so würde er sicher mit diesen Priestern, Bischöfen und Erzbischöfen, die die Reichen schützen und vom blutigen Schweiß von Millionen leben, dasselbe tun wie damals mit jenen Händlern, die er mit dem Stock aus der Vorhalle des Tempels vertrieb, damit sie das Haus Gottes nicht durch ihre Schandtaten befleckten.

Deshalb mußte zwischen dem Klerus, der Not und Unfreiheit des Volkes verewigen will, und den Sozialdemokraten, die dem Volk das Evangelium der Befreiung bringen, ein Kampf auf Leben und Tod entstehen wie zwischen der schwarzen Nacht und der aufgehenden Sonne.

Wie die nächtlichen Schatten ungern und widerwillig vor der sonnigen Morgenröte weichen, so möchten die Kirchenfledermäuse jetzt mit ihren schwarzen Soutanen dem Volk den Kopf verhüllen, damit seine Augen nicht das aufgehende Licht der sozialistischen Befreiung erblicken. Da sie aber den Sozialismus nicht mit Geist und Wahrheit bekämpfen können, flüchten sie sich zu Gewalt und Unrecht. In der Sprache des Judas verbreiten sie schändliche Verleumdungen derjenigen, die dem Volk die Augen öffnen, durch Lüge und Verleumdung versuchen sie diejenigen zu verunglimpfen, die ihr Blut und Leben dem Volk zum Opfer bringen. Und schließlich heiligen und unterstützen diese Priester, diese Diener des goldenen Kalbes, die Verbrechen der zaristischen Regierung, segnen die Mörder des Volkes, stehen zum Schutz um den Thron des Letzten der Zarendespoten, der das Volk mit Feuer und Schwert unterdrückt, wie jener Nero in Rom die ersten Christen verfolgte!

Aber vergeblich diese Anstrengungen! Vergebens wütet ihr, entartete Diener der Christenheit, die ihr jetzt Diener Neros seid! Vergebens helft ihr unseren Mördern und Häschern, vergebens schützt ihr mit dem Zeichen des Kreuzes die Reichen und die Ausbeuter des Volkes! Wie damals keine Grausamkeiten und Verleumdungen den Sieg der christlichen Idee aufhalten konnten, dieser Idee; die ihr durch euren Dienst am goldenen Kalb befleckt habt, so halten alle eure Versuche heute nicht den Sieg des Sozialismus auf. Heute seid ihr euren Lehren, eurem ganzen Lebenswandel nach Heiden, wir aber, die wir den Armen, den Ausgebeuteten und Unterdrückten das Evangelium der Brüderlichkeit und Gleichheit bringen, wir erobern heute die Welt wie jener, der gesagt hat:

„Wahrlich, wahrlich ich sage euch, es ist leichter, daß ein Kamel durch ein Nadelöhr gehe, denn daß ein Reicher ins Reich Gottes komme.“

VII

Zum Schluß noch einige Worte. Die Geistlichkeit hat zwei Methoden, die Sozialdemokratie zu bekämpfen. Dort, wo die Arbeiterbewegung erst beginnt, sich Bürgerrecht zu erwerben, wie gerade bei uns, und wo die herrschenden Klassen noch der Täuschung erliegen, sie mit Gewalt ersticken zu können, dort tritt der Klerus auch nur mit strengen Predigten auf, schwärzt die Sozialisten an und droht den „anmaßenden" Arbeitern. Dort aber, wo schon politische Freiheit herrscht, und die Arbeiterpartei zu einer Macht wird wie z.B. in Deutschland, Frankreich und Holland, dort greift die Geistlichkeit auf andere Methoden zurück. Listig verbirgt sie ihre Wolfszähne und Krallen unter dem Schafspelz, und aus dem ehrlichen Feind der Arbeiter wird ihr falscher Freund. Die Priester gehen dann selbst daran, die Arbeiter zu organisieren und „christliche" Gewerkschaften zu gründen. Sie versuchen so, die Fische vor dem Netz, d. h. die Arbeiter im Netz ihrer falschen Gewerkschaften zu fangen, wo sie sie Demut lehren, bevor sie zu den Gewerkschaften der Sozialdemokratie stoßen, die sie Kampf und Schutz vor der Ausbeutung lehrt.

Wenn die zaristische Regierung schließlich unter den Schlägen des polnischen und russischen Proletariats gefallen ist und auch bei uns die politische Freiheit aufgeht, werden wir sicher erleben, daß derselbe Erzbischof Popiel und dieselben Priester, die jetzt in den Kirchen die kämpfenden Arbeiter heftig beschimpfen, damit beginnen, sie gewaltsam in „christlichen" und „nationalen" Verbänden zu organisieren, um sie auf neue Art zu verdummen. Schon jetzt haben wir einen kleinen Anfang dieser Maulwurfsarbeit in den Verbänden der „Nationaldemokraten", der zukünftigen Helfershelferin der Priester, die sie heute darin unterstützt, die Sozialdemokratie zu verunglimpfen. Deshalb müssen die Arbeiter vorbereitet sein, nicht morgen, nach dem Sieg der Revolution und der Einführung der politischen Freiheit, den süßen Worten derer auf den Leim zu gehen, die sich heute erdreisten, von der Kanzel herab das Arbeiter mordende Zarenregime und die Herrschaft des Kapitals, die das Volk ins Elend stürzt, zu verteidigen. Zum Schutz vor dieser Feindschaft der Geistlichkeit heute, während der Revolution, und vor ihrer verräterischen Freundschaft morgen, nach der Revolution, müssen sich die Arbeiter schleunigst in ihrer Arbeiterpartei organisieren, sich der Sozialdemokratie anschließen. Und auf alle Angriffe der Priester sollten die bewußten Arbeiter die eine Antwort haben:

Die Sozialdemokratie nimmt niemandem seinen Glauben und kämpft nicht gegen die Religion! Sie fordert dagegen völlige Gewissensfreiheit für jeden und Achtung vor jeglichem Bekenntnis und jeglicher Überzeugung.

Aber wenn die Priester die Kanzeln als Mittel des politischen Kampfes gegen die Arbeiterklasse mißbrauchen wollen, so wenden sich die Arbeiter gegen sie wie gegen alle Feinde ihrer Rechte und ihrer Befreiung.

Denn wer Ausbeuter und Unterdrücker unterstützt und versucht, die heutige schändliche Gesellschaftsordnung zu verewigen, der ist ein Todfeind des Volkes, ob er nun die Priestersoutane oder die Gendarmenuniform trägt.

Made in the USA
Monee, IL
07 July 2026

56549915R00020